探秘石油

藏在地下的黑色宝藏

中国化工学会 ◎ 编著

华 炜 ◎ 主编　洋洋兔 ◎ 绘

石油工业出版社

图书在版编目（CIP）数据

探秘石油：藏在地下的黑色宝藏/中国化工学会编著；华炜主编；洋洋兔绘. — 北京：石油工业出版社，2024.3

ISBN 978-7-5183-6404-6

Ⅰ.①探… Ⅱ.①中… ②华… ③洋… Ⅲ.①智力游戏—儿童读物 Ⅳ.① G898.2

中国国家版本馆 CIP 数据核字 (2024) 第 002105 号

探秘石油：藏在地下的黑色宝藏

中国化工学会 编著　华 炜 主编　洋洋兔 绘

总 策 划：张海云　雷 平
策划编辑：王 昕
责任编辑：黄晓林　曹敏睿　王之源　付玮婷
责任校对：刘晓婷
出版发行：石油工业出版社
　　　　　(北京安定门外安华里 2 区 1 号楼 100011)
　　　　　网　　址：www.petropub.com
　　　　　编辑部：(010)64523616　64252031
　　　　　图书营销中心：(010)64523731　64523633
经　　销：全国各地新华书店
印　　刷：三河市兴国印务有限公司

2024 年 3 月第 1 版　2025 年 7 月第 6 次印刷
787 毫米 × 1092 毫米　开本：1/12　印张：4.5
字数：50 千字

定　价：98.00 元
（图书出现印装质量问题，我社图书营销中心负责调换）

序言

石油在哪里？它在一望无际的荒原戈壁中，在深不可测的海底世界里，也在每个人的衣、食、住、用、行里，与每个人息息相关。《探秘石油：藏在地下的黑色宝藏》以一滴油的视角，通过直观、有趣的漫画，全方位展示石油勘探、开发、储运、炼化、应用的全过程，让孩子们踏上一次奇妙的石油探索之旅。

《探秘石油：藏在地下的黑色宝藏》是一本"有料""有趣""有心"的绘本。"有料"，书中包含丰富的科普知识点，让处于不同年龄段的孩子都能够"吃得透"；"有趣"，浅显易懂的漫画可以激发孩子们的探索兴趣；"有心"，书中精心营造的陪伴感，让石油科普走进孩子们的内心世界，播下科学梦想的种子，激发他们的好奇心、想象力、探求欲，感受石油之美、能源之美、科技之美。

相信读完这本书的孩子们都能成为能源行业的"小小专家"，更好地理解石油的地位和作用，认识石油的有限性和不可再生性，更加珍惜和合理使用石油资源。同时，希望孩子们从中培育科学家潜质，提高科学素养，将来为建设世界科技强国和能源强国贡献自己的一份力量。

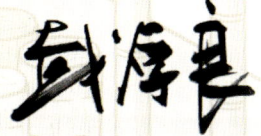

中国化工学会理事长
中国工程院院士

目录 CONTENTS

开篇
人的一生会用掉多少石油 6
人类文明的黑金时代 7

石油的前世今生
古人眼里的喷火怪 10
古代风靡全球的宝贝 12
石油是石头做的油吗 14
石油住进不同的新家 16

石油大冒险
出发,找石油去 18
挖呀挖呀,找到石油啦 21
令世界瞩目的钻井技术 24
"唤醒"沉睡的石油 26
石油的奇妙之旅 28
高温下的石油"变形记" 30

沈括命名"石油"

北宋科学家沈括在《梦溪笔谈》中,提出"石油"这一科学命名,比西方提出"石油"这一名词早约 500 年。

宋元时期油井

中国在宋元时期就开发有石油井,成书于 1303 年的《元一统志》中提到,"延长县南迎河有凿开石油一井,其油可燃"。

公元11世纪　　　　　　　　　　　　公元14世纪

卓筒井

北宋时期,人们以顿钻技术钻出约 130 米深的卓筒井。后来这一技术传到西方,为石油钻井技术的发展奠定了基础,在世界钻井史上写下了光辉的一页。更令人自豪的是,部分卓筒井直到今天还能运作。

石油魔法秀

石油,一起玩捉迷藏吧　32
"我"是健康小卫士　34
石油也是"基建狂魔"　36
种地,石油帮上大忙啦　38
石油的十大用途　40

探索石油新世界

石油的未来　42
石油与环境　43

致敬:
我为祖国献石油　44
节能低碳:
我是环保小卫士　46

人类文明的黑金时代

石油用于装饰
苏美尔人使用石油中的沥青制作装饰品。

石油用于建筑
巴比伦人把沥青当成一种商品,也将它用作建筑胶粘合砖块。

公元前10世纪之前　　公元3世纪

石油用于防水
古埃及人把石油当成防水材料,涂抹在纸莎草船身上。

润滑剂
中国西晋时期,人们用石油来做车轮的润滑剂。

人的一生会用掉多少石油

你能想象吗？人的一生会用掉大约8.5吨石油。

吃551千克
+
穿290千克
+
住3790千克
+
行3838千克

相当于1头成年非洲大象或5辆小汽车的重量！

第一口现代工业油井

1859年，美国人埃德温·德雷克采用近代钻盐井的设备，以蒸汽机作为动力，钻成了一口深约112米的油井，开启了石油工业的时代。

中国第一口万米深井

2024年3月4日14时48分，中国第一口万米科探井——深地塔科1井的钻探深度突破10000米，刷新亚洲最深直井纪录。

公元19世纪　　　公元20世纪　　　公元21世纪

现在，石油已成为我们生活中必不可少的能源之一。

燊海井

1835年，中国四川自贡地区自流井气田凿成井深1001.42米的燊海井，这是世界上第一口超千米井。

中国陆上第一口油井

1907年，在陕西省延长县诞生了中国陆上第一口近代油井，标志着中国近代石油工业的开端。

石油的前世今生

古人眼里的喷火怪

古人是怎样发现石油的

中国是世界上最早发现、使用石油的国家之一。石油不是都藏在地下吗？古人是如何找到它的呢？

《汉书·地理志》中记载，在今天陕西省延长县一带的水面上漂着像油一样的东西，可以燃烧，这就是石油。看来，古人早期发现的是"跑"到地面上的石油。

石漆——车轮的润滑剂

西晋的《博物志》和南北朝的《水经注》，都有关于酒泉延寿县出现石油的记载。当地人把石油叫作"石漆"，用它来当车轮的润滑剂。

猛火油——军事武器

北宋时期的军事著作《武经总要》中曾记载有一种名叫"猛火油柜"的武器，它所使用的燃料就是石油，当时人们叫它"猛火油"。

药物——治疗功效

元代典籍《元一统志》中曾记载，石油可以用来治疗牲畜的疥癣疾病。

明代的李时珍也在《本草纲目》中记载，石油可以和其他药物共同使用，治疗小儿惊厥、呕吐，还能促使刀剑创伤愈合。

石油名字的由来

"石油"这个名字在北宋时就有了，它出现在科学家沈括的《梦溪笔谈》中。其中谈道，延州境内的水边砂石中有石油流出，当地人用野鸡尾蘸取它，采集到瓦罐里，燃烧后会冒出浓浓的黑烟。

后来，沈括用这些石油燃烧产生的黑烟制成了一种墨。据说，这种墨比松墨还要好用得多。

古代风靡全球的宝贝

美妙的装饰用品

苏美尔人发现石油沥青有很好的黏结性，于是在制作一些装饰品时用到它。

根据一些学者的研究，现存的苏美尔绘画代表作《乌尔王军旗》就用到了沥青。它是在刷有沥青的木板上镶嵌贝壳、闪绿石、红色石灰石等制成的。

牛头竖琴是苏美尔人的乐器，他们在琴身正面刷上沥青，并镶嵌了漂亮的贝壳，样子十分精美。

苏美尔

防水涂层

在古埃及，人们常常乘坐纸莎草船在水上航行。草船？难道不会漏水吗？聪明的埃及人发现沥青具有防水性，便使用它涂抹船身，堵住草间的缝隙。

古埃及

除此之外，埃及人还会用沥青来防腐。我们所熟知的木乃伊的制作过程就用到了沥青。

巴比伦王国

建筑材料

巴比伦人修建"空中花园"时,工人使用大量的沥青作为建筑胶粘合砖块。在当时,沥青是一种可以交易的商品,人们可以交换来盖房子。

在古代,人们使用的沥青多为天然沥青,它是在地质环境下经过漫长复杂的变化过程而形成的有机化合物的混合物。

拜占庭帝国

令人闻风丧胆的武器

公元 7 世纪,拜占庭人以石油为主体,混合树脂和硫黄等物质作为燃料,发明了一种海上作战武器,叫作"希腊火"。它喷射出的火焰不怕水,能以闪电般的速度焚毁敌方船只,令敌人无处可逃。

石油是石头做的油吗

有些人以为石油就是石头做的油,这种看法不对。那么,石油到底是什么呢?让我们一起来了解一下吧!

石油是什么

石油的基本形态是黏稠的液体,大多是黑色、深褐色的。不同地方开采出的石油可能有不同的颜色,除了常见的黑色、深褐色,还有深红色、褐红色、金黄色、墨绿色,甚至还有透明的石油!

> 别看它黑乎乎的,但可以让我们的生活丰富多彩。飞机、汽车、轮船,甚至做饭,都要依靠它做燃料。

石油的成分

石油是一种混合物,主要由各种不同结构的碳氢化合物组成,其中碳、氢两种元素占比达 95% 以上,同时还含有少量硫、氮、氧和微量的磷、钾、钠、钙等多种元素。

石油大冒险

出发，找石油去

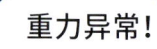
重力异常！

地球物理勘探

利用地球物理勘探技术，我们可以进一步了解地下的情况，以及石油和天然气储存的位置。这一技术包括重力勘探、电法勘探、磁力勘探、地震勘探等。

罗盘　放大镜　地质锤

地质调查

你知道吗？石油虽然生活在地下，但它们也会向地上发出信号。要想识别这种信号，就需要勘探队员带着罗盘、放大镜、地质锤等工具，翻山越岭去观察露出地表的地层和岩石。石油渗出地面时，会引起岩石褪色、植物病变，勘探队员利用自己的地质学知识，来识别这些信号，从而找到石油。

重力勘探

我们能在地面上站稳，依靠的就是重力。在同一地点，同体积物体密度越大，其所受重力越大。地壳内部岩石密度不同，重力也就不同。于是，通过观察重力的变化，就可以了解地壳岩石密度的差异，从而确定沉积盆地范围。

我在这儿！

石油存在于地下有机物聚集的地方，这些地方被称为沉积盆地。

钻井平台

海上钻井与陆地钻井有所不同,需要考虑更多因素。想想看,钻机有几百吨重,需要足够的支撑力支撑它,还得有钻井工人的生活区域。所以,海上钻井平台都特别大,一般都有足球场那么大呢!

固定式钻井平台

一般建在浅水区,通过导管架固定在海底,并使整个平台高出水面。它的稳定性比较好,但因为它无法移动,只能一地一建,所以它的成本较高。

固井

地下世界的环境十分复杂,稍有不慎,井身就有可能发生垮塌,所以,我们还需要对它进行加固,这就是固井。固井时要放入专用的套管,再用优质水泥填满套管与井壁之间的环形空间。

电法勘探

科学家们发现，与油气有关的沉积岩，往往具有很好的导电性。通过观测不同岩石的导电性差异，就能轻松地获取油气沉积盆地的范围、油气富集区域等信息。

地震勘探

简单来说，地震勘探就是人工制造地震。这听上去是不是有点吓人？不要担心，它不会对周围环境造成任何破坏。

检波器　　人工地震

人工地震释放的地震波向地下传递，遇到岩层分界面、流体分界面等，会发生反射和折射。科学家们在地面放置仪器来接收地震波的反射信号，通过计算机分析这些信号，就可以找到石油可能存在的位置和范围。

磁力勘探

高精度磁力仪可以勘测出地下的磁性情况。石油中的物质会将周围岩石和土壤中的氧化铁还原成磁铁矿，所以，当用磁力仪探测时，磁性越高的地方，就越有可能是石油所在的地方。

我们也有磁力哦！

挖呀挖呀，找到石油啦

钻井

通过勘探技术，我们可以推测出石油所在的位置和深度。但要想确定这里是否真的有石油，还得通过钻井来验证。简单来说，就是要穿过地下的岩层，到达可能埋藏石油的地方。听起来很简单吧？实际上，地下的岩层可是非常复杂的哦！这不仅对钻井技术、设备提出了很高的要求，更考验着作业人员的专业素养。

录井

在钻井过程中，钻头在井底钻碎岩石，碎屑会随着钻井液返回地面。我们只要收集这些碎屑进行分析，就能知道地层是由什么岩石构成的，还能判断里面有没有石油或天然气。

测井

测井人员用工具将测井仪器下入井内，沿着井筒进行测量。测井仪器就像一双能看透地层的眼睛，可以获得井筒附近地层的信息。

取芯

简单来说，取芯就是用专门的设备在所钻地层取一些岩芯样本。通过分析这些样本，我们可以更直观地了解地层中油气的真实面貌。

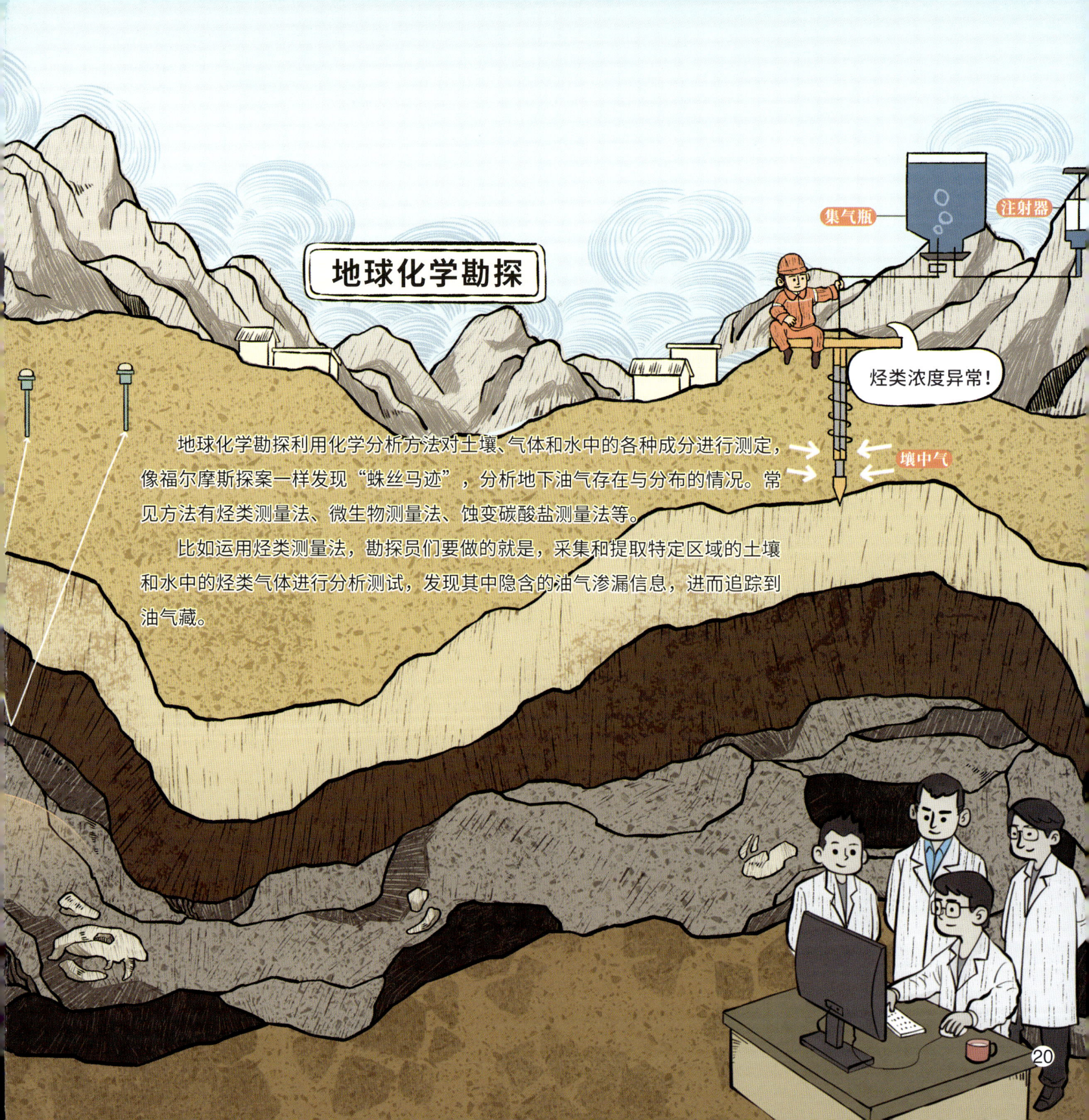

移动式钻井平台

主要包括钻井浮船和自升式钻井平台、半潜式钻井平台、坐底式钻井平台。它不仅解决了钻井平台的移动性问题,而且使我们能够在深海区域开采石油。

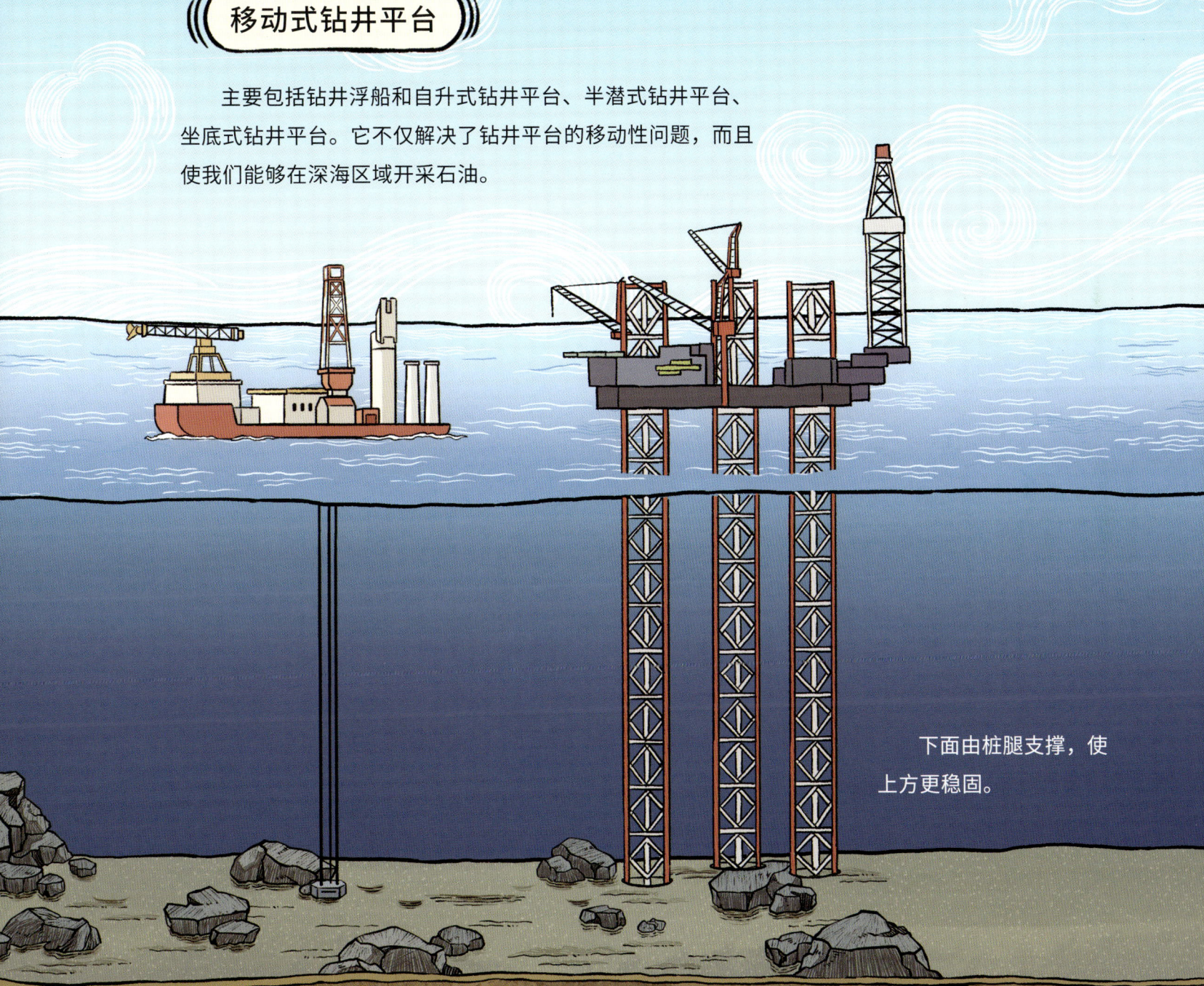

下面由桩腿支撑,使上方更稳固。

令世界瞩目的钻井技术

你知道中国最早钻井使用的是什么技术吗?中间有着怎样的发展历程?现在中国最深的井有多深呢?

最早的钻井技术——挖掘井

人类最早的钻井活动是从中国开始的,钻井最初的目的是汲取地下水。公元前1500年前后,我国的甲骨文中就已经有了"井"字。

中国古代的黑科技——冲击式顿钻钻井

冲击式顿钻钻井利用铁锉自由下落的冲击,不断击碎地下岩石,使井不断加深。这项技术的发明推动了世界钻井技术的发展。

约10米 · 杠杆原理 · 铁锉 · 约130米

大口浅井

宋朝以前

早期的井通常是人工挖掘的,因此较浅,井口也比较大。

卓筒井

宋朝庆历年间

卓筒井是一种全新的、有别于大口浅井的新型井,它的钻探技术在冲击式顿钻、套管护井法、单向阀提捞法三个方面具有世界级的原创性成果,成为世界古代科技成果的瑰宝。

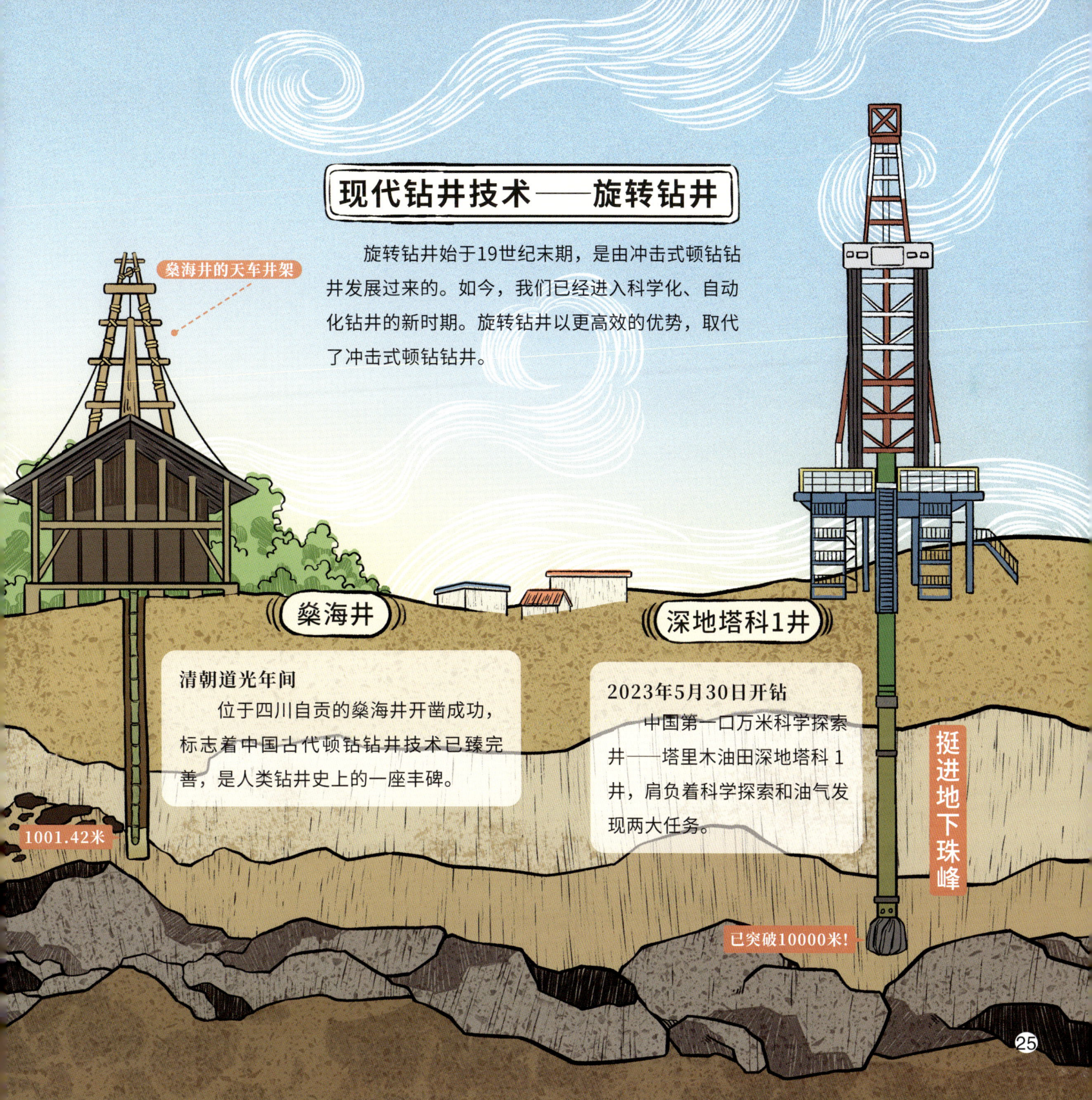

机械采油井常采用的是游梁式抽油机,它看起来就像一把锤子。因为工作时,"锤头"不停地上下摆动,就像在磕头一样,所以人们给它起了一个有趣的外号,叫作"磕头机"。

第一口现代工业油井德雷克油井

1859 年,美国人埃德温·德雷克利用钻井采盐的技术,成功钻出了石油,引发了世界各地寻找石油的热潮。后来,人们把这口井称为德雷克油井,它是世界上第一口现代工业油井,为现代石油工业拉开了序幕。

丛式井

顾名思义,它们就像一片小丛林一样,在一个井场或平台上,同时钻出许多口井,每个井口之间相距数米,而各井底却延伸向不同的方位。这种工艺不仅可以节约井场总占地面积和投入资金,而且非常方便管理。

扫描三维码
了解抽油机原理

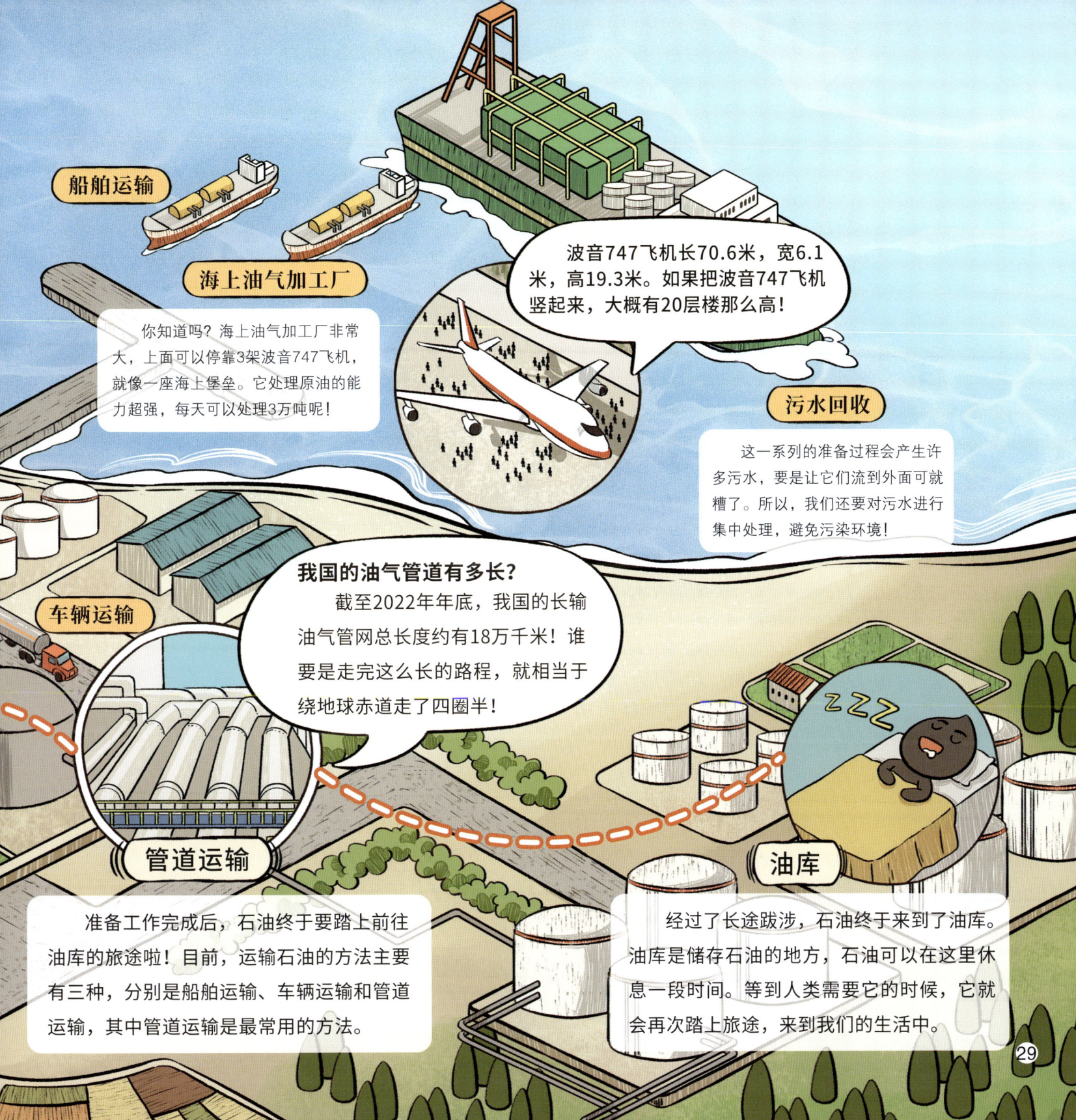

高温下的石油"变形记"

石油到达油库后,就能来到我们的身边,为汽车、飞机提供燃料了吗?不,在这之前,它们还需到炼油厂进行一番历练。这一过程就是"石油炼制"。

石油是一种混合物,石油炼制就是通过加热、分馏、裂解等方法把石油中的不同组分分离出来,并把不需要的重组分变为更有价值的轻组分。早在100多年前,人们就开始用蒸馏的方法对石油进行加工,按照石油中所含成分的沸点高低来进行分离。石油经过高温后会"变身",最终变成汽油、煤油、柴油等。

加热炉

好热!快跑!

石油经过高温加热后会进入一个叫作"蒸馏塔"的装置。这座塔从上到下有很多个小房间,轻一点儿的气体会跑到塔的上方,成为石油气、汽油等;而重一点儿的组分则会住进塔下方的房间,成为重油、沥青等。

汽油是一种燃料,常用于汽车、摩托车等交通工具。

油库

炼油厂

石油魔法秀

石油，一起玩捉迷藏吧

以石油为原料制造的物品，在我们的生活中十分常见，只不过石油喜欢玩捉迷藏，我们很难发现它。目前，石油主要应用在燃油、塑料、合成橡胶、合成纤维、制药、清洁用品、食品、润滑油、化妆品等方面。现在，让我们一起来找找看吧！

窗帘
制作窗帘、衣服等用到的布料，很多是涤纶、腈纶等合成纤维纺织而成的。

手机 **电脑**
电脑、手机等科技产品的外壳，很多是塑料做的。塑料是以石油为原料制成的。

燃气
燃气可分为天然气、石油气和人工煤气。其中，石油气就是石油在炼制的过程中产生的。

灯罩

汽油

橡胶轮胎

塑料瓶

石油的十大用途

在今天，石油已经融入我们生活的方方面面：各种各样的塑料，不同材质的衣服，每天使用的化妆品……在现代社会，很难找到什么东西与石油毫无关系。总体来看，石油在生活中有十大用途。

现在，你可以抬头看一看，身边有哪些东西是塑料制品，是不是已经数不过来了呢？生活中，塑料制品已经无所不在。这些形态各异、五颜六色的 塑料 制品大多是由石油制成的。

汽车加的汽油，飞机使用的航空煤油，坦克、装甲车等武器装备使用的柴油等都属于 燃油 。

沥青还有另一个名字叫"柏油"。除一部分天然沥青以外，工业生产和基础设施建设中，使用的大多数沥青都是石油蒸馏得到的产品。我们走过的柏油马路就是用 沥青 铺成的。全球有铺装路面的公路总长是1700多万千米，其中使用的石油绝对不是个小数字！

常见的衣服面料不仅有棉、麻等天然纤维，还有涤纶、腈纶、锦纶等合成纤维，合成纤维就是以石油为原料制成的。由于合成纤维有着弹性更好、更耐磨的优点，越来越多的 衣服 用它作为面料。

橡胶，可以分为天然橡胶与 合成橡胶 两种。合成橡胶是以石油为原料制成的，具有高弹性、耐高温和低温等特点，因此应用十分广泛，像汽车轮胎、鞋底、橡胶手套、电缆的绝缘皮等，都有橡胶参与其中。

日常让人香喷喷、水润润的 化妆品 ，竟是由石油制成的。化妆品中的油、石蜡、香精等原料，都是石油精炼或合成的产物。

石油和 食品 可以说是渊源颇深。石油不仅可以用于制作杀虫剂和化肥，而且还参与了食物的保鲜、染色等环节。另外，口香糖百嚼不烂也是因为添加了来自石油的胶基。从食物生产的源头到餐桌，处处离不开石油。

润滑油，顾名思义，是帮助机械润滑的油。生活中常见的润滑油是汽车的发动机 润滑油 ，也就是机油。

别看我们经常看到的石油都是黑乎乎的，但从石油中提取的物质却能用来做清洁。洗洁精、洗发水、沐浴露等 清洁用品 中，大多含有石油的衍生物——表面活性剂。快从你们家的清洁用品中找到它吧！

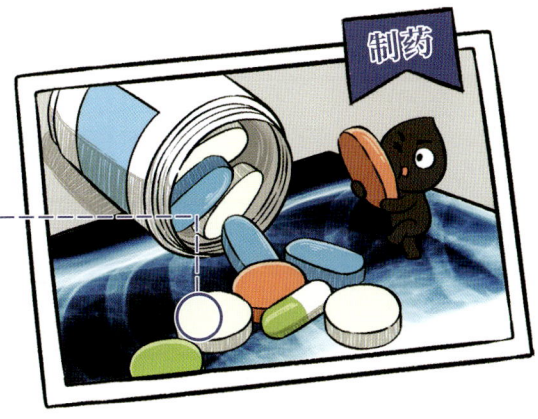

你敢相信吗？就连生病时吃的 药 ，也可能含有石油中的提取物——苯的衍生物。还有装药的药瓶、包装袋等也是塑料制品。有些病人需要的人造器官、假肢，拍摄的X光片，这些统统来自石油制品。

探索石油新世界

石油的未来

中国的石油资源虽然不算匮乏，但还是要进口别国的石油，才能满足国内需求。中国是世界上最大的石油进口国。

新能源崛起

太阳能

在未来，会有许多新能源来替代石油，即便没有石油，我们的汽车、飞机也还是可以继续前行。

新能源包括太阳能、风能、海洋能、生物质能等，是可再生能源，取之不尽用之不竭。听起来是不是有些不可思议？其实，这样的能源在我们生活中十分常见。比如：太阳能热水器可以加热洗澡水，这是因为它利用了太阳能。

石油是用之不竭的吗

地球的石油资源是有限的。之前有石油公司预测，全球的油气资源大概还可以供人类使用50多年。那么，50多年之后，要是油气都用光了怎么办？不必担心，等不到用完的那天，我们就会找到可以替代石油的新能源。

富饶的非常规油气

近些年来，我国在准噶尔盆地、四川盆地、鄂尔多斯盆地等地，不断取得页岩油开采的突破。2022年，我国页岩油的产量突破300万吨，预计2030年将达到500万吨至800万吨！

随着科学技术的不断进步，我国在未来还会发现更多油气资源，开采出更多的石油。

页岩油

页岩油是指以页岩为主的岩层中所包含的石油资源。

致敬：我为祖国献石油

一代代石油人，肩负"我为祖国献石油"的使命，弘扬以"苦干实干""三老四严"为核心的石油精神和大庆精神铁人精神，传承科学家精神，心怀国之大者，不断奋勇向前，为祖国能源事业赓续奉献。

宁肯少活20年，拼命也要拿下大油田！

王进喜

百年中国十大人物

100位新中国成立以来感动中国人物

王进喜是中国石油工人的杰出代表，在缺油少气的年代，他带领工人"人拉肩扛"，发扬"有条件要上，没有条件创造条件也要上"的艰苦奋斗精神，把一生献给了祖国的石油工业。经过奋斗，以王进喜为代表的老一辈石油人成功勘探和开发了世界级的大庆油田，甩掉了中国"贫油"落后的帽子。

侯祥麟星

2020年9月22日冲日时,侯祥麟星距离地球2.01亿千米。侯祥麟星到太阳的平均距离为3.90亿千米。

8小时出不了科学家。

侯祥麟

中国科学院院士、中国工程院院士

中国炼油技术的奠基人、石油化工技术的开拓者

侯祥麟胸怀远大理想,笃信科学力量,发扬创新精神,从实现航空炼油技术国产化,到"两弹一星"特种油品研制成功,从20世纪60年代"五朵金花"迎风怒放,到80年代"四朵金花"妖娆盛开,91岁时挂帅主持国家重大课题研究,他与油结缘,为油而忧,闻油而喜,为中国石油事业的成长和发展呕心沥血。2023年,由中国科学院紫金山天文台发现的一颗小行星被正式命名为"侯祥麟星"。

节能低碳：我是环保小卫士

每一滴石油，都蕴藏着亿万年的故事，凝结了亿万年的自然力量与生命精华。它是"工业的血液"，是大自然给予的神奇礼物，珍视石油、节约能源、保护环境，是每一个地球公民的责任！

减少使用一次性塑料餐具

塑料是石油产品，减少一次性塑料餐具的使用，除了可以节约石油资源，还有助于减少塑料垃圾。用自己的餐具盒吧，既卫生又环保！

垃圾分类

垃圾分类变废为宝，不仅能够减少垃圾填埋和焚烧带来的环境问题，还能够促进资源的循环利用，如塑料废物可以进一步加工成燃料或其他化学品，从而实现经济效益与环境效益的双赢。

使用有机肥料

化学肥料通常是以石油等化石能源为原料生产的，在家庭园艺中多使用有机肥料，可以减少对石油等化石能源的消耗，同时防止化肥对土壤的损伤和对人体健康的危害。

绿色出行

选择骑自行车或乘坐公共交通，降低私家车的使用频率，可以减少对汽油、柴油、润滑油等石油制品的消耗，同时能降低尾气排放，从而减轻对环境的危害。

更多精彩　即将呈现

跟着"全景能源百科"系列去探秘吧!

《探秘深地》《探秘化工》《探秘天然气》《探秘新能源》即将推出,

让我们一起启程,揭开能源宇宙的神秘面纱。

传承科学家精神,点燃科学的梦想之火,

为保持好奇心、想象力、探求欲的你加油!

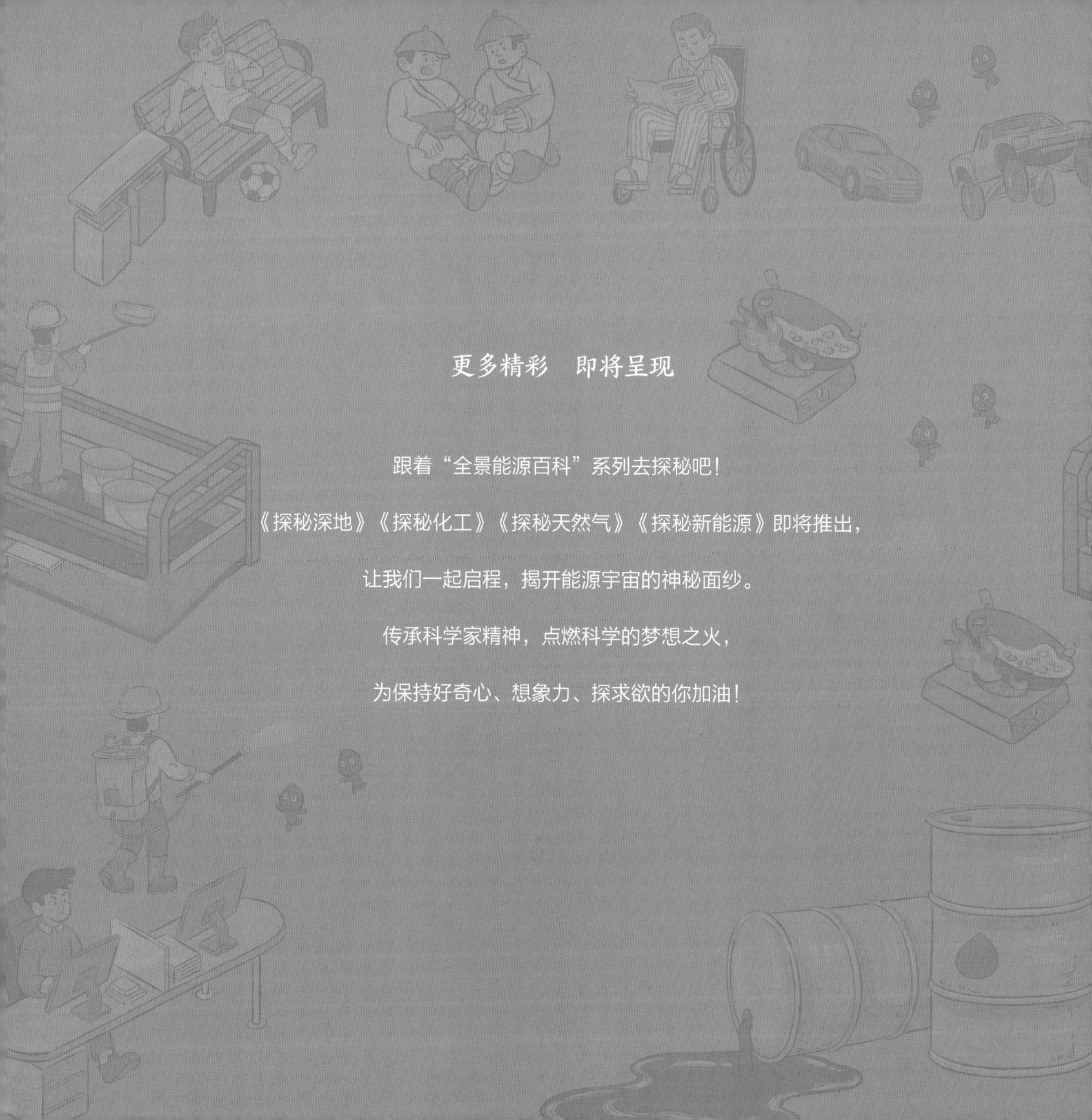